*D. D. Stacks*
*Illustriert von Billy Armstrong und Chad Powers III*
**Mal meine Möpse aus!**

**Bibliografische Information der Deutschen Nationalbibliothek**
Die Deutsche Nationalbibliothek verzeichnet diese Publikation in der Deutschen Nationalbibliografie; detaillierte bibliografische Daten sind im Internet über http://d-nb.de abrufbar.

**Für Fragen und Anregungen**
info@rivaverlag.de

5. Auflage 2022

© 2013 by riva Verlag, ein Imprint der Münchner Verlagsgruppe GmbH,
Türkenstraße 89
80799 München
Tel.: 089 651285-0
Fax: 089 652096

© der Originalausgabe Happy Hen Books. All rights reserved.
Die amerikanische Orginalausgabe erschien im Jahr 2012 bei Happy Hen Books unter dem Titel *Color my Boobs*.

Alle Rechte, insbesondere das Recht der Vervielfältigung und Verbreitung sowie der Übersetzung, vorbehalten. Kein Teil des Werkes darf in irgendeiner Form (durch Fotokopie, Mikrofilm oder ein anderes Verfahren) ohne schriftliche Genehmigung des Verlages reproduziert oder unter Verwendung elektronischer Systeme gespeichert, verarbeitet, vervielfältigt oder verbreitet werden.

Verfasst von: D.D. Stacks
Umschlaggestaltung: Vincent Herb, München
Illustrationen: Billy Armstrong und Chad Powers III. Mit Illustrationen aus *Nylon Girls* von Christine Kessler und *Glamshots* von Tom Veller.
Layout: Dan Nolte
Druck: Florjancic Tisk d.o.o., Slowenien
Printed in the EU

ISBN Print: 978-3-86883-370-6

Weitere Informationen zum Verlag finden Sie unter

# www.rivaverlag.de

Beachten Sie auch unsere weiteren Verlage unter www.m-vg.de

# MAL MEINE MÖPSE AUS!

*Ein Malbuch für Männer*

**riva**

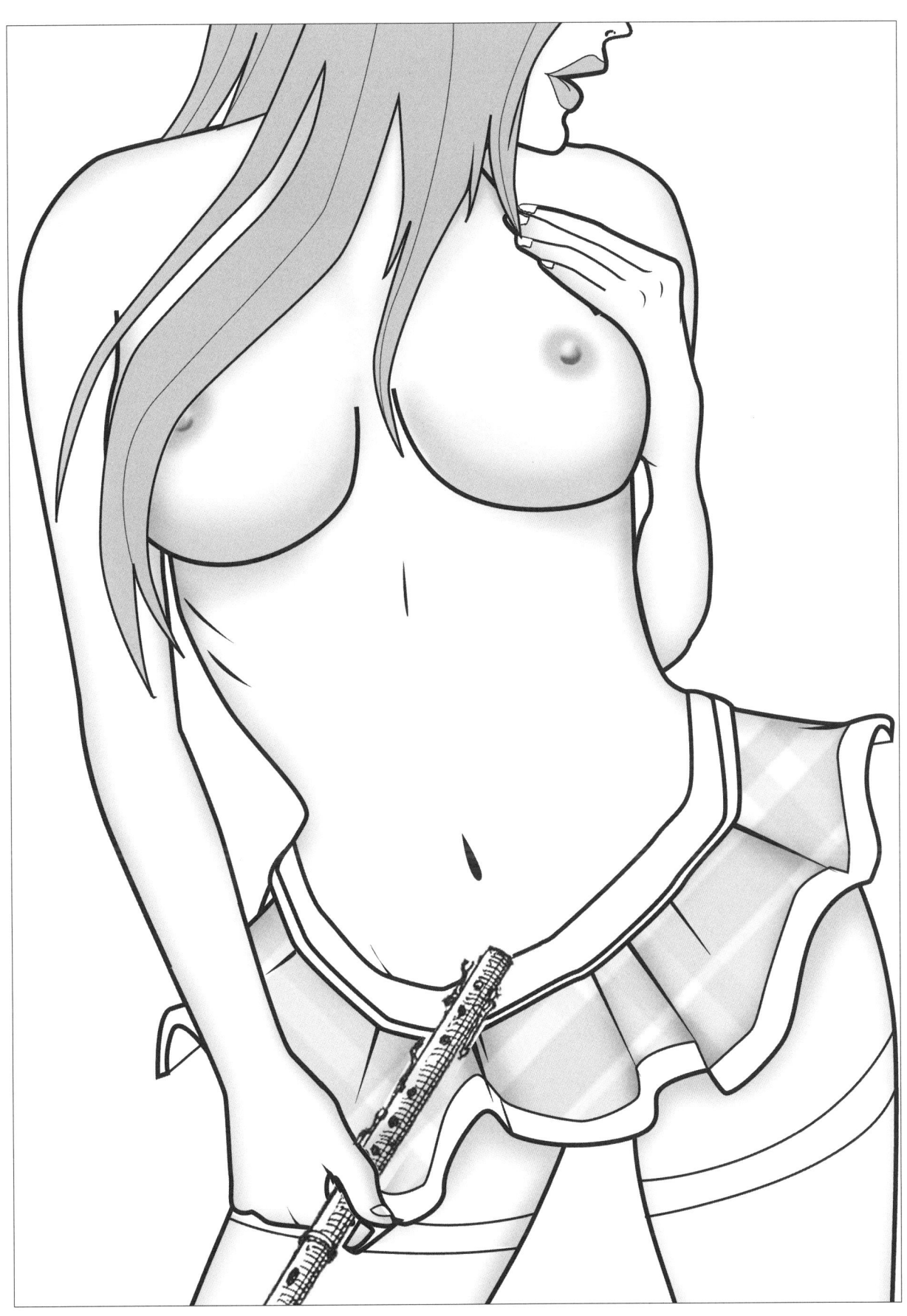

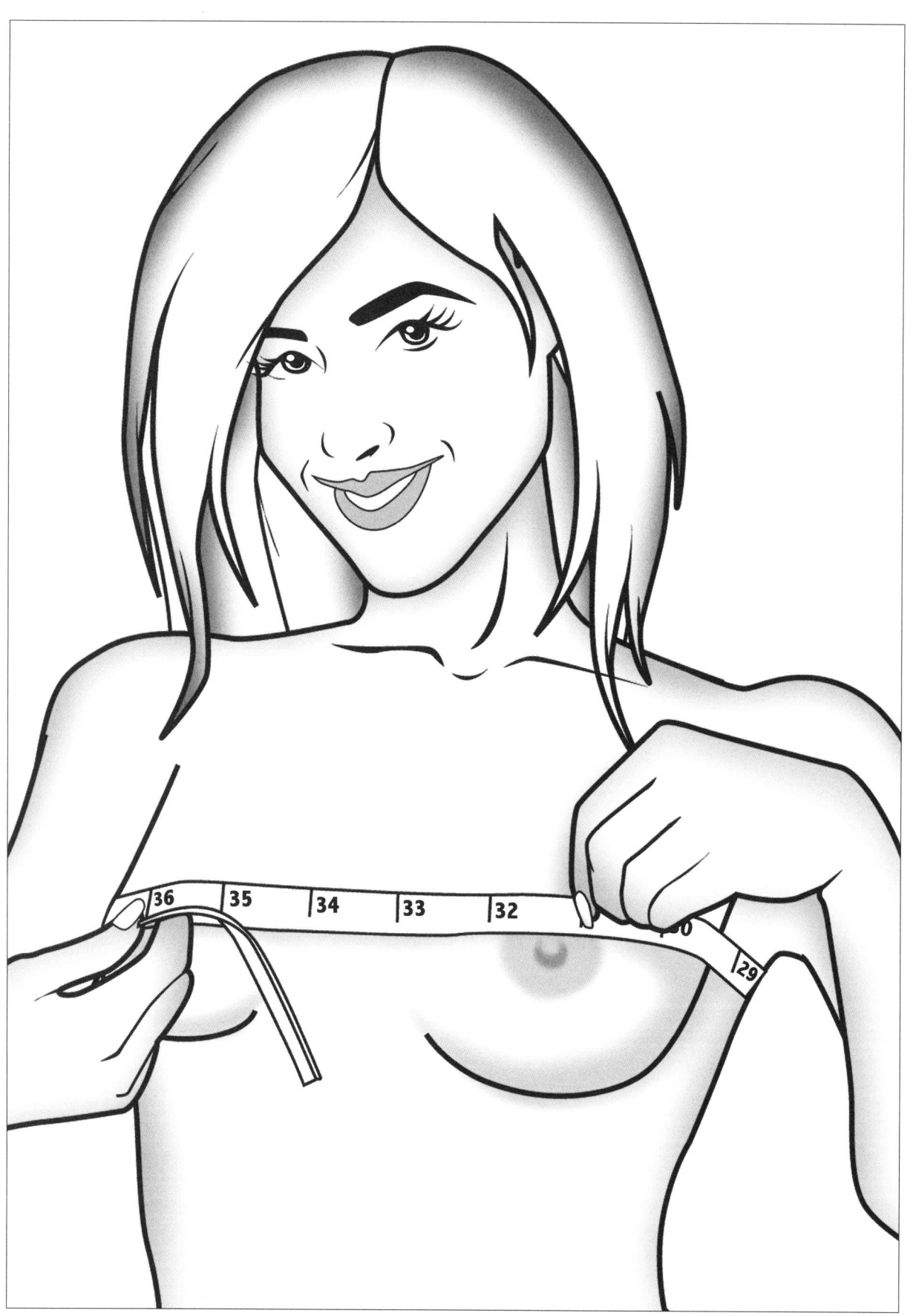

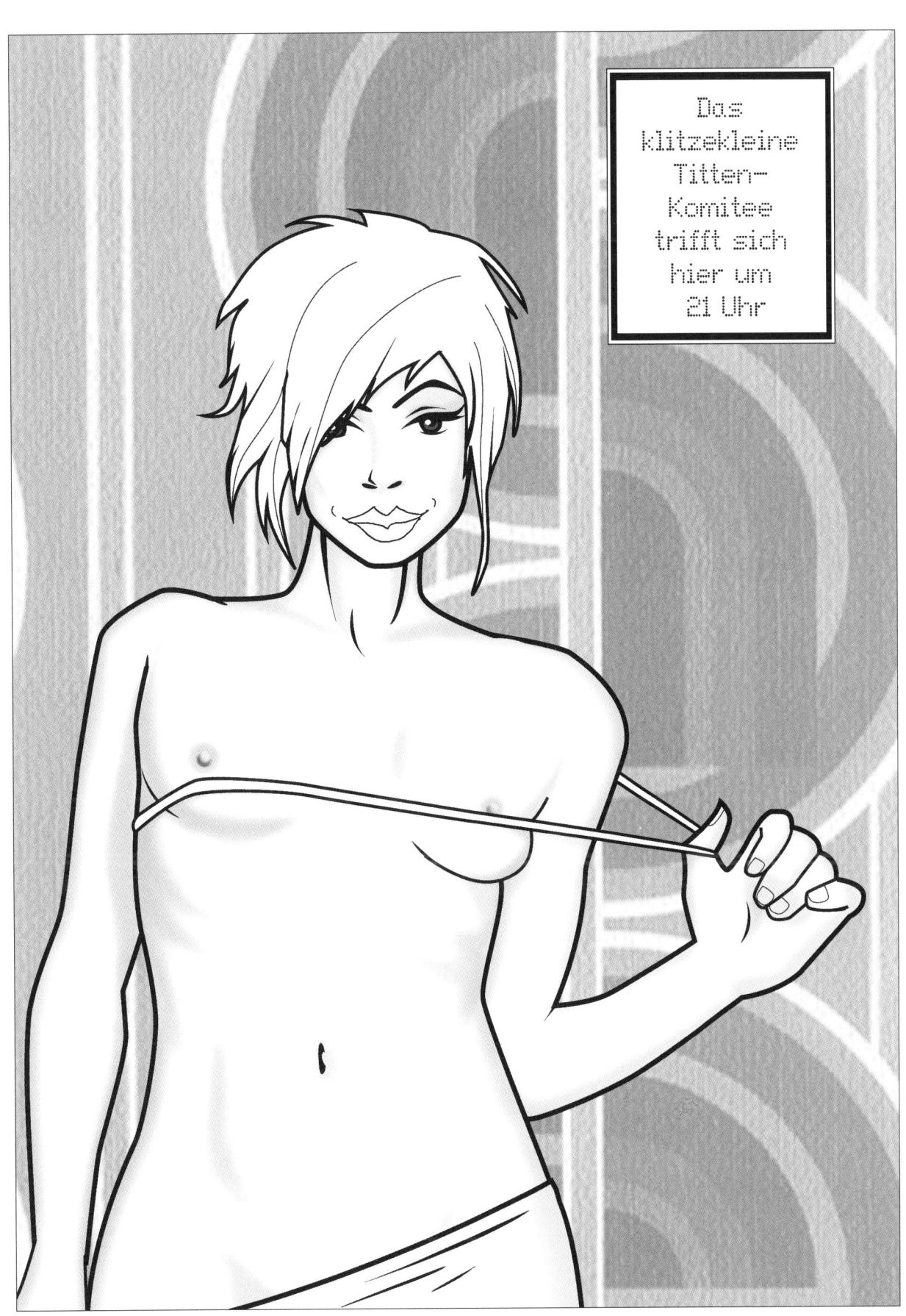

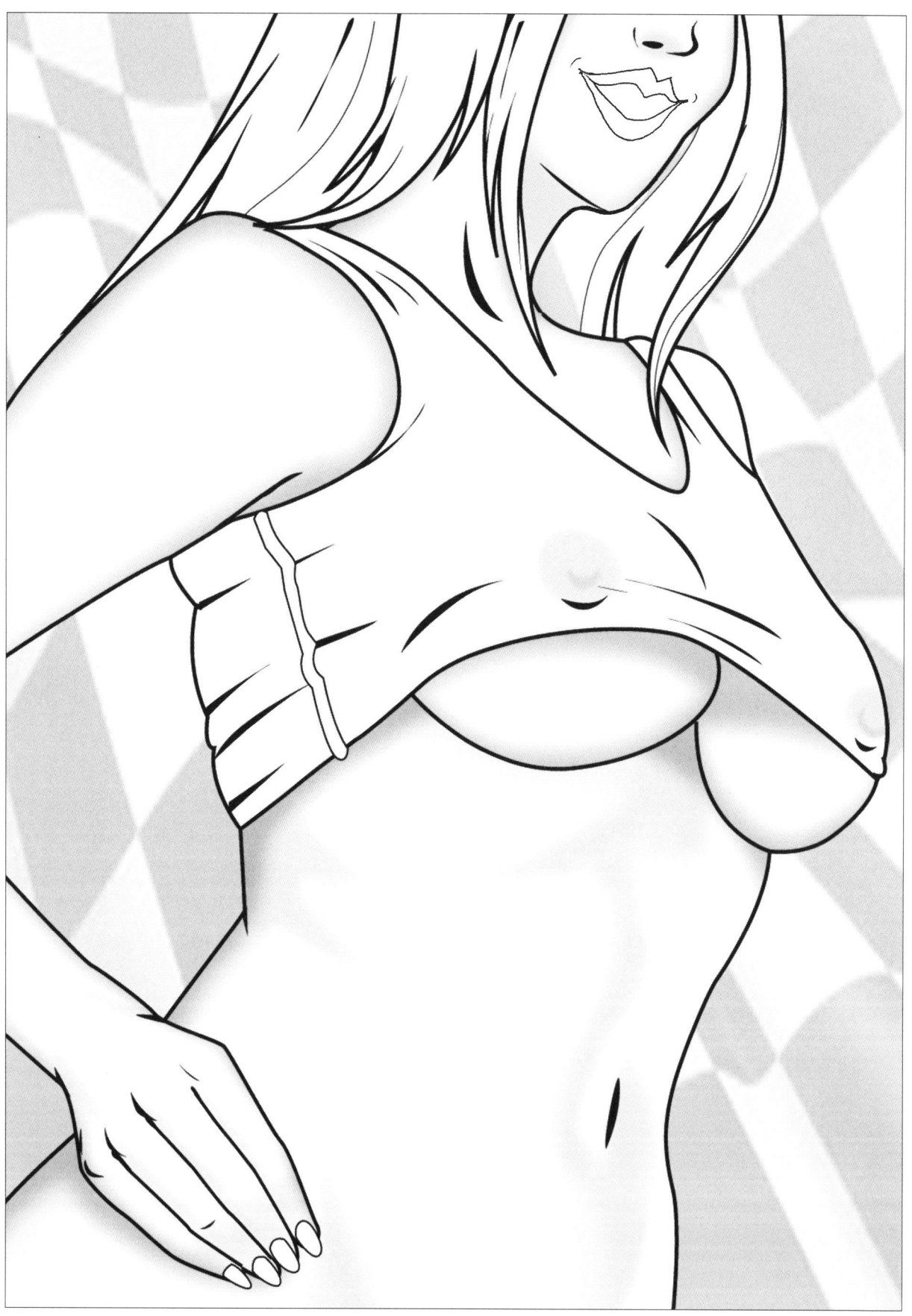

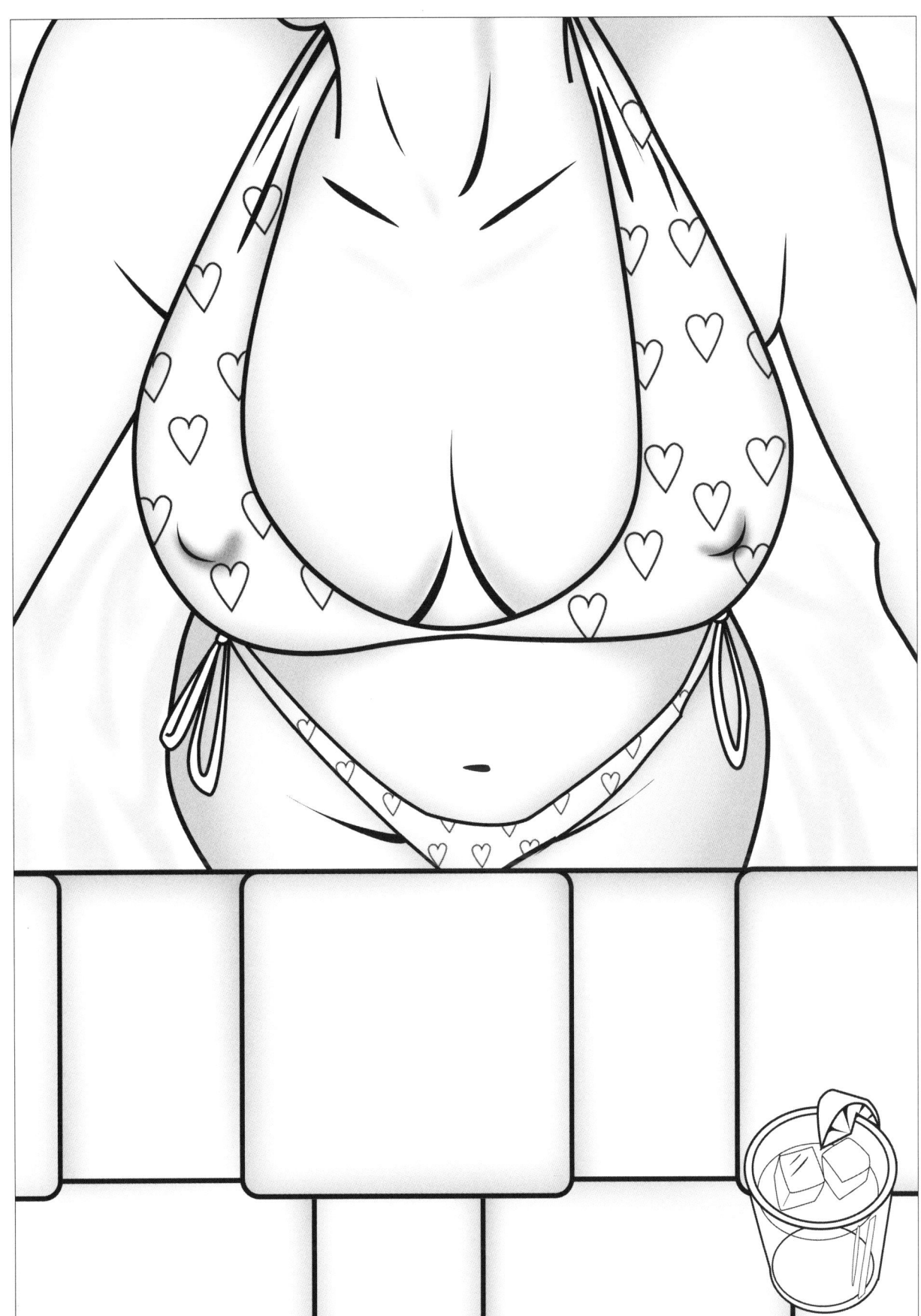

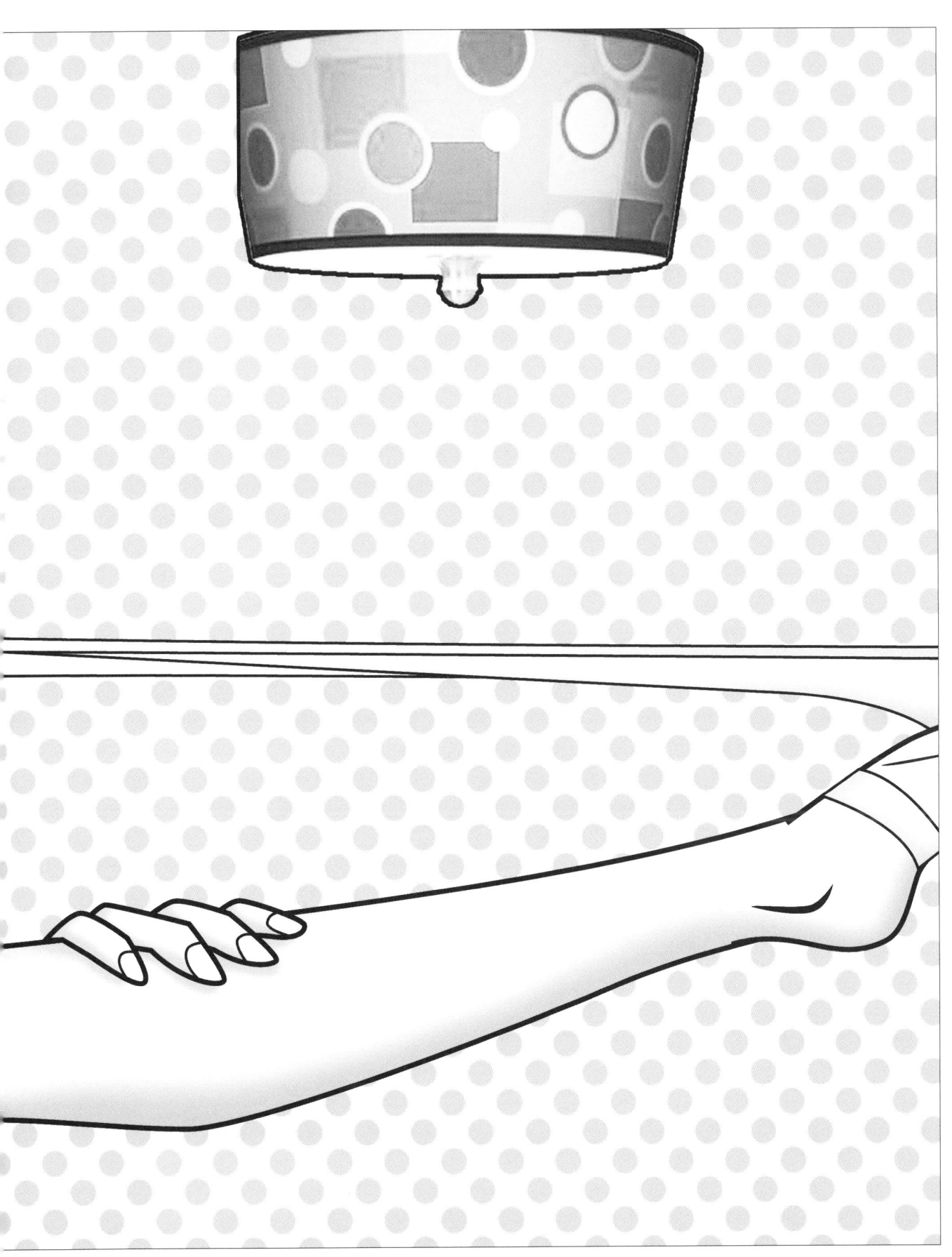

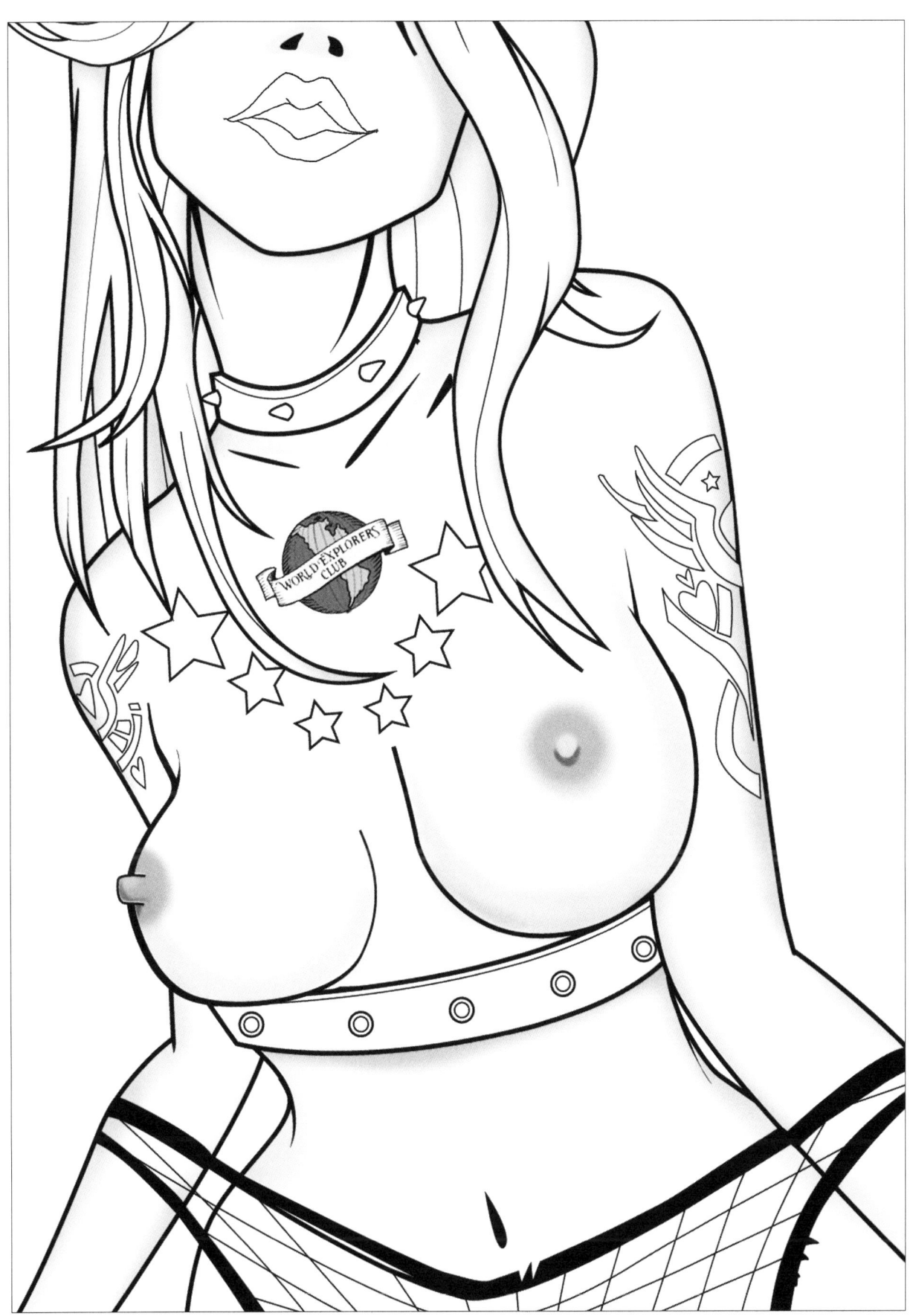

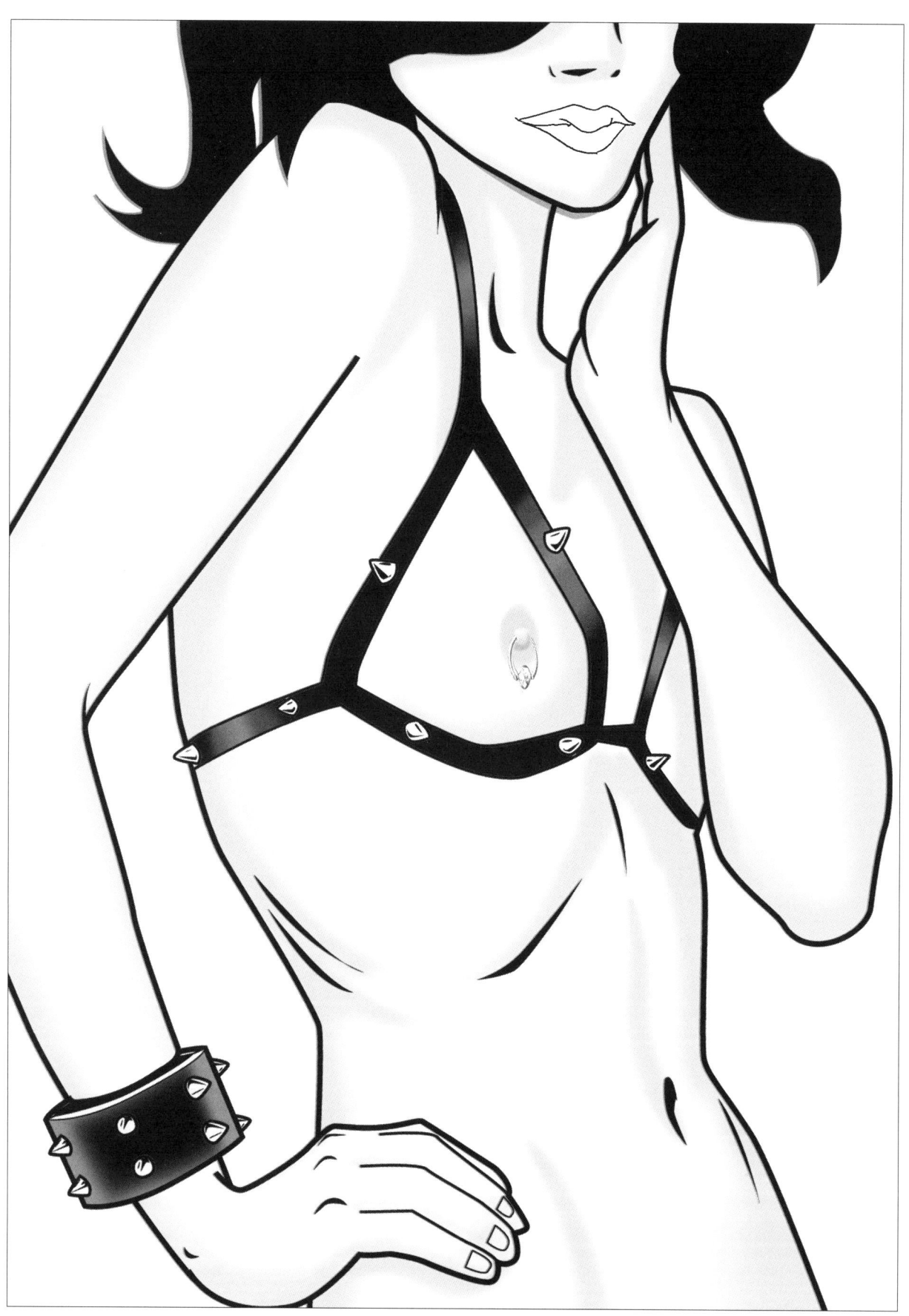

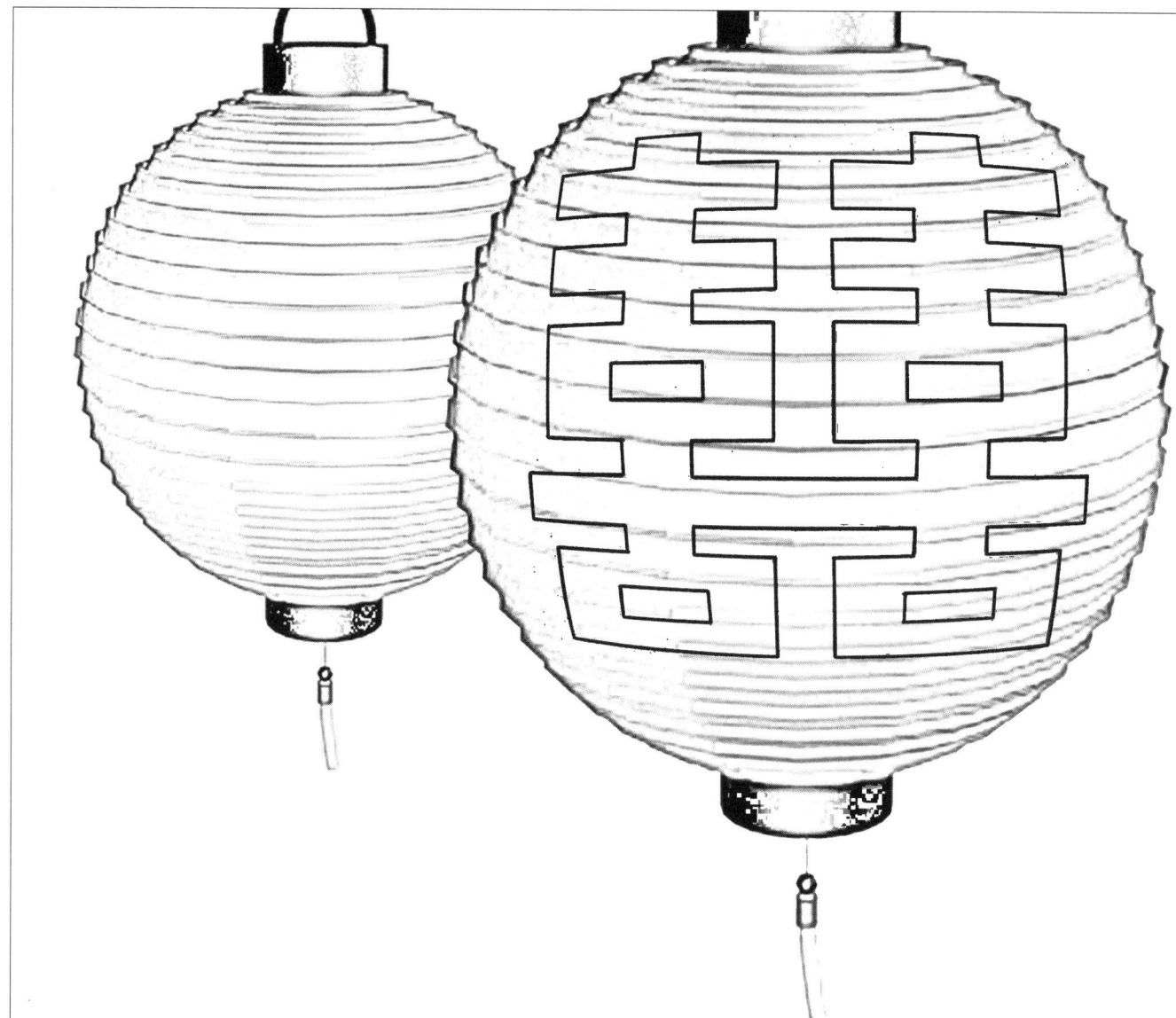

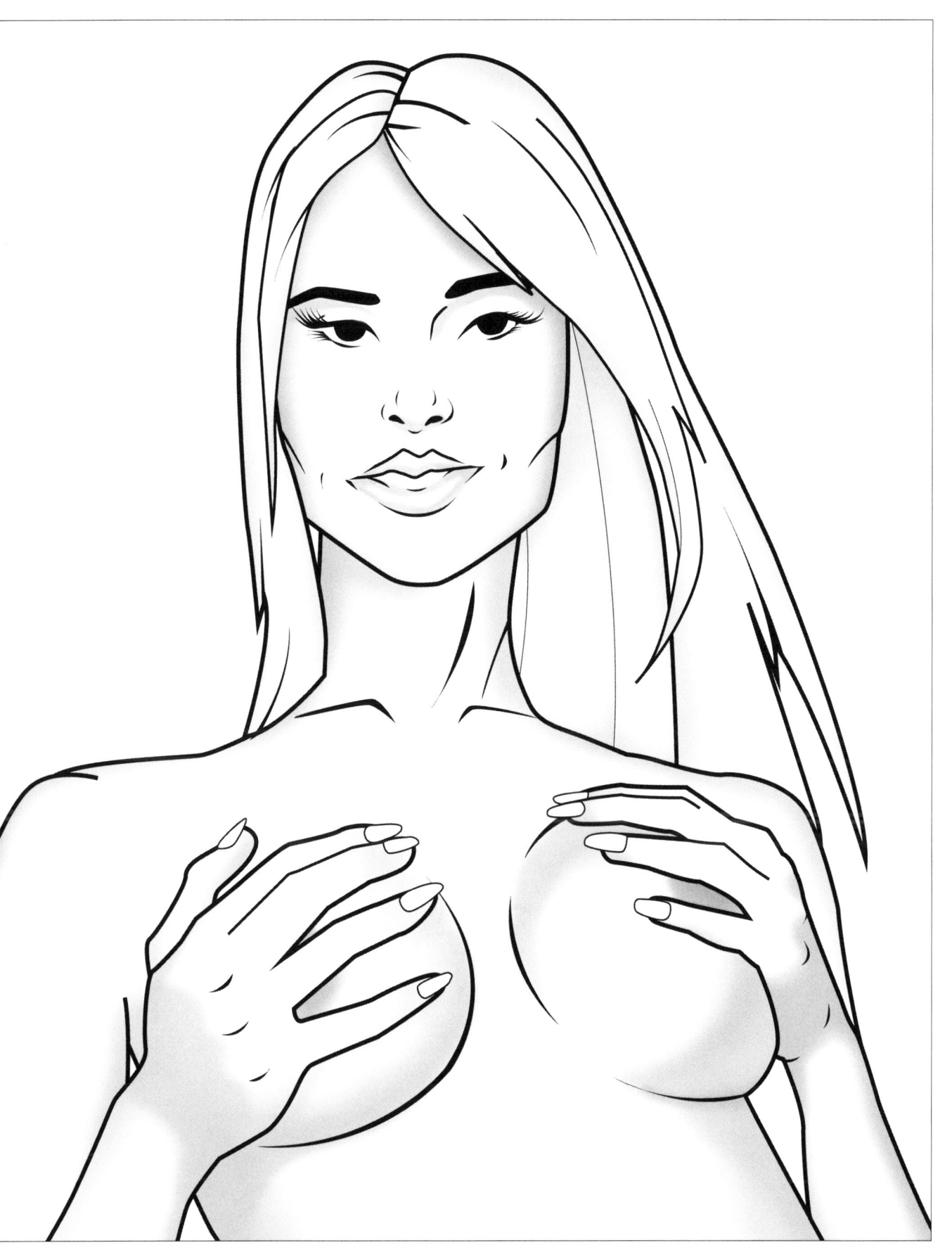